ANA BILIĆ

Ja govorim hrvatski 2 čitanka – Lesebuch

Einfache Lesetexte in kroatischer Sprache mit Vokabelteil

D1693527

2. Auflage 2020

SBNr. 170320

ISBN 978-385253-525-8

Mit Illustrationen von Jana Kreisl

Bildnachweis: 123rf.com: Umschlag/Rui Vale De Sousa (rechts oben); Edyta Pavlowska (Mitte); belchonock (unten); Seite 25/Vasiliy Koval; Seite 35/Oleg Iandubaev; Seite 39/yarlander; Seite 43:/Edvard Nalbantjan; Seite 46/tunedin123
Wikimedia: Seite 3/Moddzak; Seite 5/Urheber unbekannt
Fotolia.de: Seite 24/Nejron Photo; Seite 38/sabine hürdler
Hintergrund auf Seite 13, 16, 18, 20, 27, 31, 37, 44, 50 und 53: istockphoto/Luis Bellagamba
Rahmen auf Seite 19 und 32: istockphoto/Gokcen Yener; Porträtfoto der Autorin auf Seite 63: Margit M. Marnul

Mit Bescheid des Bundesministeriums für Bildung und Frauen BMUKK-5.040/0032-B/8/2013 vom 12.3.2014 als für die Aufnahme in den Anhang zur Schulbuchliste an allgemein bildenden höheren Schulen – Oberstufe im Unterrichtsgegenstand Kroatisch (Zweite lebende Fremdsprache) empfohlen.

Sadržaj

Milka Trnina

(1863. – 1941.)

Milka Trnina bila je svjetski poznata operna pjevačica, ali ona je bila i poznata dobrotvorka. Živjela je izvan Hrvatske, a svaki put kad je došla na gostovanje u Zagreb, ona je pjevala u dobrotvorne svrhe. Milka Trnina nije voljela malograđanštinu i škrtost. Poznata je ova anegdota:

Jedna žena iz visokog društva htjela je da Milka pjeva na proslavi njezinog imendana. Milka je pristala na to, ali je htjela da bogata gospođa uplati visoki honorar u dobrotvorne svrhe.

Žena je na to rekla:

– Ali za takav honorar mogla bih kupiti kravu!

Milka je odgovorila:

– Onda kupite kravu pa će vam ona pjevati za imendan!

Foto: Wikipedia/Moddzak

Tin Ujević

(1891. – 1955.)

Tin Ujević bio je poznat pjesnik koji je vrijeme često provodio u gostionici. On je pisao pjesme u gostionici, čitao ih je i diskutirao s ostalim gostima. No, kao pjesnik nije imao puno novaca. Jednom je sjedio ispred prazne čaše i kad ga je vidio jedan poznanik, rekao je:

– Tine, ako mi brzo kažeš neku laž, platit ću ti «špricer».

Tin je na to automatski rekao:

– Ne, prijatelju, rekao si dva.

Zbog te laži šaljivac je morao Tinu platiti dva pića.

Foto: Wikipedia

Razgovor na dva jezika

Konobar: Guten Tag!

Gost: Guten Tag!

Konobar: Bitte schön…

Gost: Bitte, ein dunkles Bier.

Konobar: Zum Essen?

Gost: Vielleicht später. Ich mag die dalmatinische Küche, aber momentan habe ich keinen großen Hunger. Ihr Lokal, «Dalmatinska konoba», hat mir mein Chef empfohlen.

Konobar: Freut mich.

Gost: Was heißt eigentlich «konoba»? Kommt das Wort von «konobar»? … Darf ich Sie vorher etwas fragen: Sprechen Sie vielleicht Kroatisch?

Konobar: Da.

Gost: Onda možemo pričati hrvatski, ja učim hrvatski i volim vježbati hrvatski.

Konobar: Vrlo rado… «Konoba» je podrum gdje se drži vino, a osoba koja poslužuje vino je «konobar». Te riječi su izvedenice iz njemačkog jezika – «Keller» i «Kellner».

Gost: Vaš naglasak je vrlo zanimljiv. Smijem li vas pitati odakle ste?

Konobar: Ja sam s otoka Brača… A vi?

Gost: Ja sam iz Salzburga.

Konobar: Zašto učite hrvatski jezik?

Gost: Moja žena i njezina obitelj su iz Rijeke.

Konobar: Razumljivo … Znate, ja imam prijatelje u Salzburgu. Oni imaju lokal u ulici Nordweggasse.

Gost: O, znam taj lokal! To je isto restoran s mediteranskom kuhinjom. Često idemo tamo na večeru.

Konobar: Šef lokala je moj brat.

Gost: Ozbiljno? Je li on visok i plav?

Konobar:	Visok je, ali ima crnu kosu. Ali jedan konobar u restoranu je visok i plav. To je njegov sin Dino, moj nećak.
Gost:	Ah, kako je svijet mali!
Konobar:	Da li često putujete u Rijeku?
Gost:	Kad imam godišnji odmor. Ja sam, znate, profesor na fakultetu pa imam godišnji odmor kad studenti imaju semestarske praznike.
Konobar:	Da li vam se sviđa Istra?
Gost:	O, da! Ja sam prvi put bio tamo kao student i odmah sam se zaljubio u Istru. Nakon fakulteta bio sam profesor fizike na jednoj gimnaziji pet godina. Ali u tih pet godina bio sam samo jednom u Rijeci. Poslije sam dobio posao na fakultetu kao profesor i kad sam opet došao u Istru, upoznao sam buduću ženu. Od tada dolazim svake godine u Istru.
Konobar:	Onda vi poznajete Istru bolje od mene!
Gost:	Još ne. Svaki put otkrivam nove stvari.
Konobar:	Da, to je lijepo. I ja još uvijek otkrivam nove stvari u Austriji iako sam tu već 28 godina.

Kompromis

Dubravko: Dobar dan...

Službenica: Dobar dan...

Dubravko: Želim se uskoro oženiti i zato se želim raspitati za mogući termin za

               dva mjeseca.

               Službenica: – Imamo slobodan termin 4. 7.

Dubravko: Ne, ne odgovara mi 4. 7. – moja mama ima rođendan.

Službenica: A 7. 7.?

Dubravko: To je četvrtak?

Službenica: Da.

Dubravko: Nikako. Četvrtak nije moj sretan dan.

Službenica: 28. 7. imamo jedan slobodan termin.

Dubravko: Tada ima moj otac rođendan.

Službenica: Imamo još termin 13. 7. To je petak.

Dubravko: Petak, 13.?... Ne, ne dolazi u obzir.

Službenica: To su bili svi slobodni termini.

Dubravko: Onda ću uzeti 13. 7. Može li taj termin u ponoć? To nije ni 13. ni 14.

Moji susjedi

Moja zgrada ima pet katova. U prizemlju nalazi se talijanski restoran «Scirocco». S Marcom, sinom vlasnika, išao sam u školu. Njegova mama Lola rođena je u Italiji, a njegov otac Toni rođen je u Rovinju. Oni su prije živjeli u Firenci i tamo su imali restoran. Taj restoran bio je restoran s njemačkom kuhinjom jer je Marcov otac radio 10 godina u Berlinu. Oni će se uskoro preseliti u Švicarsku i tamo otvoriti praonicu rublja.

Na prvom katu živi gospodin Tadeuš. On je podrijetlom iz Mađarske i ima malu urarsku radnju. On je imao pet žena. Nakon prvog, trećeg i petog braka ostao je udovac. Njegova druga žena je nestala. Od četvrte žene se rastao. Gospodin Tadeuš izgleda simpatično, ali nema sreće sa ženama.

Na trećem katu u našoj zgradi živi neki muzičar. Prije dvije godine bacao je bombone kroz prozor. Poslije je bacio i njegove tri violine. Sada noću više ne čujem glazbu.

Vlasnici četvrtog i petog kata ne stanuju u zgradi. Oni imaju veliku obitelj u Zagrebu. Oni su stalno u Zagrebu u posjetu. Zašto nemaju dva stana u Zagrebu gdje bi mogli stanovati, nego imaju dva prazna stana u kojima ne stanuju, to mi nije jasno.

Nazivi mjeseci

Unuka:	Deda, trebam naučiti nazive mjeseci, ali oni su komplicirani.
Djed:	Ah, ništa lakše!... Kako se zove prvi mjesec?
Unuka:	Siječanj.
Djed:	Znači – njega već znaš. Drugi mjesec?
Unuka:	Veljača. Ali njega često zaboravim ili preskočim.
Djed:	«Veljača» – to je kao ime Veljko, a ime Veljko je slično kao Željko. Znači, možeš taj mjesec nazvati gospodin Željko Veljača.
Unuka:	To je interesantno... Treći mjesec zove se ožujak.
Djed:	To je kao «Ožujsko pivo».
Unuka:	Tata pije «Ožujsko pivo».
Djed:	Onda ćeš zapamtiti... Četvrti mjesec?
Unuka:	Travanj.
Djed:	Travanj je «trava» plus jedno «nj».
Unuka:	Da, trava-nj... Peti mjesec je svibanj. Kako da njega zapamtim?
Djed:	To je «svi» i «banj». Svi idu na «banj».
Unuka:	... Svi idu na «banj»? Što to znači? Što je «banj»?
Djed:	To je slično kao «panj», a panj – to znaš što je, zar ne?
Unuka:	Da, to je ono što ostane kad se posječe drvo.
Djed:	Tako je. Samo nije panj nego «banj».
Unuka:	Hm... A lipanj? To je šesti mjesec.
Djed:	Kod lipnja je situacija jasnija: tu imamo «li» i «panj». Tu se ispravno piše «panj», a ne «banj». Samo se ispred stavi «li»... Kao Bruce Lee.
Unuka:	Tko je Bruce Lee?
Djed:	On je bio filmski kung-fu glumac.
Unuka:	Što je to kung-fu?
Djed:	Kung-fu je sport kojim se ljudi u Kini bave samo u lipnju. U šestom mjesecu.
Unuka:	Ozbiljno? ... A srpanj i kolovoz?

Djed:	Srpanj dolazi od srpa, a srp je …
Unuka:	Znam što je srp, to nam je učiteljica objasnila. Znam i odakle kolovoz: to su zajedno «kola» i «voziti».
Djed:	Odlično! Ostaje još samo rujan i listopad… Rujan je bujan, to je jasno. A listopad onda kada lišće pada.
Unuka:	To je jednostavno.
Djed:	… Još imamo studeni. To je kao mineralna voda Studenac.
Unuka:	To baka stalno pije.
Djed:	To, dakle, već znaš. Ostaje nam još prosinac… I to je lako: u prosincu ja sam zaprosio tvoju baku treći put.
Unuka:	Treći put?… Zar se baka nije htjela udati za tebe?
Djed:	Ne odmah. Ja mislim da je čekala prosinac.
Unuka:	Zašto?
Djed:	Da tako pomognemo našim unucima naučiti nazive mjeseci.

Bratski dogovor

Dominik: Što ćemo kupiti roditeljima? Oni slave u subotu godišnjicu braka –
            10 godina braka.

Zdravko: Što mama voli?

Dominik: Mama voli kazalište. Možemo kupiti mami kartu za neku kazališnu
            predstavu.

Zdravko: Ali tata ne voli kazalište. On voli nogomet.

Dominik: Tati možemo pokloniti kartu za neku utakmicu.

Zdravko: Ali ne možemo im kupiti različite poklone!

Dominik: ... Ne, ne možemo.

Zdravko: Možda postoji neka kazališna predstava s temom nogometa?

Briga

Djed:	*Kome si dao čokoladu? Mireli?*
Božidar:	*Ne, deda, ne Mireli nego Marini.*
Djed:	*Da li si joj dao i jabuke?*
Božidar:	*Kome?*
Djed:	*Mireli.*
Božidar:	*Ja nisam dao Mireli čokoladu i jabuke nego Marini.*
Djed:	*Da li ćeš im dati i ostale slatkiše? Imaš ih puno.*
Božidar:	*Kome da dam slatkiše?*
Djed:	*Mireli i Marini.*
Božidar:	*Deda, radi se o Marini, ne o Mireli. To je jedna djevojčica, a ne dvije.*
Djed:	*A koja ne želi uzeti slatkiše?*

Rođendanski poklon

Baka:	Lovorka, danas je tvoj rođendan. Što želiš da ti dam? Savjet, informaciju, preporuku ili novac? Što će ti trebati?
Lovorka:	Bako, hoćeš li mi dati kreditnu karticu?
Baka:	... Kreditnu karticu? Zašto?
Lovorka:	Ako mi daš svoju kreditnu karticu, na njoj stoje informacije kako do novaca, moj prijatelj će mi savjetovati kako da potrošimo novac, a društvo će mi preporučiti dobar disko.
Baka:	... U redu. Ali ako ti dam kreditnu karticu, ne mogu ti čestitati rođendan. Na kartici to ne piše.

Neobične želje

Danas želim napraviti nešto neobično. Ne pada mi ništa na pamet, ali …

Da, neću razmišljati, ja ću…

… skinut ću jaknu i kapu. Stavit ću masku na lice. Onda ću se popeti na kauč, pa na komodu, pa na ormar. Sjest ću na luster.

Što ću raditi na lusteru? Ne znam. Bit će mi toplo. Skinut ću masku i vestu. Uključit ću televizor daljinskim upravljačem. Gledat ću film. Kakav film, ne znam. Volim krimiće. Druge filmove ne volim. Ako će na televiziji biti romantičan film ili povijesni film, gađat ću televizor narančama. Naranče volim jesti. Volim ih imati i na lusteru.

Malo čudno, ali – kažem: napravit ću nešto neobično – znači, imat ću naranče na lusteru. Neću bacati naranče samo na televizor nego i na tepih. Moj tepih ima lijepe mustre. S narančama će mustre biti… hm… dopunjene. Estetski dopunjene? Ne znam, moram probati. Osim nove estetike moram još nešto probati: želim nazvati nekog neznanca telefonom. Znam, to je djetinjasto, ali – to je neobično. Pogotovo ako je neznanac u Kini.

Imam još jednu želju: želim popiti tekilu i čaj zajedno, kao koktel. Zašto? To mora imati zanimljiv okus. Koktel: «tek-čaj». Ili «ča-tek». Da, «ča-tek» je dobro ime za koktel. – Molim jedan «čatek». – Konobar se čudi: – Čatek? Što je čatek? – Ne znate što je čatek? Čatek je koktel: čaj i tekila. – Da, to ću napraviti na lusteru: izmislit ću koktel «čatek».

I još ću nešto napraviti: kupit ću džuboks, stari Wurlitzerov džuboks, s gramofonskim pločama. Sjedit ću na lusteru i slušati muziku iz džuboksa. I crtat ću po plafonu. Kao Michelangelo. Moj plafon će biti plafon Sikstinske kapele. A ja ću slikati lijepe slike. I slušati muziku.

Ne znam. Možda neću to napraviti. Možda ću napraviti nešto drugo. Ali sigurno ću napraviti nešto neobično.

U kinu

Mlađi brat:	*Idemo li kući?*
Stariji brat:	*Ali film još traje.*
Mlađi brat:	*Svejedno mi je.*
Stariji brat:	*Ali film je interesantan.*
Mlađi brat:	*Film je možda interesantan, ali ja želim kući.*
Stariji brat:	*Zašto?*
Mlađi brat:	*Vruće mi je i loše mi je.*
Stariji brat:	*Naravno – pojeo si čokoladu, sendvič, krušku, kolač i popio tri soka.*
Mlađi brat:	*... Pomozi mi.*
Stariji brat:	*Kako?*
Mlađi brat:	*Daj mi vrećicu.*
Stariji brat:	*... Zašto?*
Mlađi brat:	*Rekao sam ti: loše mi je...*

Zagreb ljeti

Vlado: Hoćemo li ići na «Štros» večeras?

Karin: Što je «Štros»?... Znaš, ja sam prvi put u Zagrebu.

Vlado: «Štros» je Strossmayerovo šetalište na Gornjem gradu, tamo je ljeti okupljalište mladih i starih, kulturna i zabavna događanja.

Karin: ... Na Gornjem gradu? Gdje je Gornji grad?

Vlado: To je dio iznad centra Zagreba, iznad početka Ilice. Sa «Štrosa» je lijep pogled na Zagreb.

Karin: Kako se dolazi do «Štrosa»?

Vlado: Može se doći na nekoliko načina: uspinjačom iz Ilice, isto tako preko Radićeve ulice, također iz Mesničke ulice i s Markovog trga.

Karin: ... Uspinjačom? U centru Zagreba postoji uspinjača?

Vlado: Da. Već više od 120 godina. Vožnja uspinjačom traje manje od jedne minute jer je uspon samo 60 metara.

Karin: To je interesantno! Gdje je točno uspinjača? Ja bih se htjela voziti uspinjačom.

Vlado: Ako ideš od Trga bana Jelačića Ilicom, onda ćeš vidjeti uspinjaču na prvom malom raskrižju desno... Ali mi obično idemo do «Štrosa» Radićevom ulicom.

Karin: Gdje je ona?

Vlado: Na Trgu bana Jelačića nalazi se jedan prolaz za Dolac, tržnicu, a do nje lijevo, jedna uličica – to je Radićeva. Kad uđeš u Radićevu, odmah na početku ulice lijevo postoji prolaz između dvije kuće. Prolaz je vrlo mali i on vodi do Zakmardijevih stuba. One se penju na Gornji grad, do «Štrosa»... Postoji i treći put do «Štrosa» kao što sam ti rekao a taj je ...

Karin: Ovo je bilo dovoljno, već mi je previše informacija... Reci, što to ima na «Štrosu» po ljeti?

Vlado: Koncerti etno, jazz i soul muzike, umjetničke radionice za odrasle i djecu i modna revija studenata. Također se slavi pola Nove godine s vatrometom i postoji natječaj za najljepšeg psa mješanca. Osim toga ima puno ugodnih mjesta za sjesti i popiti piće u društvu.

Karin: Onda večeras moramo obavezno tamo!

Festival djeteta u Šibeniku

Marko: *Oprostite... Molim vas – znate li gdje je Trg Dinka Zavorovića?...*

Zlatka: *Da, znam, vrlo je jednostavno. Idite ravno ovom uličicom i odmah ćete doći do Zagrebačke ulice.*

Marko: *Prvo križanje?*

Zlatka: *Da, no ovdje su sve ulice uske, male i bez prometa. Ne može se govoriti o pravom križanju, više o ulazu u drugu ulicu.*

Marko: *Da, stari je dio grada u svakom gradu uvijek jednostavan.*

Zlatka: *Vi ste prvi put u Šibeniku?*

Marko: *Ne samo prvi put nego i tek sam prvi dan u Šibeniku. Vodim djecu na predstavu «Balada o pingvinu», to je u okviru Festivala djeteta. Ja sam mislio da je predstava u Medulić palaci, a nije – na Trgu je Dinka Zavorovića.*

Zlatka: *Dakle: kada uđete u Zagrebačku ulicu, idite na desno, pa druga ulica lijevo... ili možemo reći: na drugom križanju uđite u ulicu lijevo... Idite ravno i odmah ćete vidjeti u daljini trg...*

Marko: *Koliko mi vremena treba do tamo?*

Zlatka: *Nekoliko minuta.*

Marko: *Samo nekoliko minuta? Onda imam vremena da odvedem djecu i na sladoled prije predstave.*

Najstarija ljekarna u Zagrebu

Najstarija ljekarna u Zagrebu zove se «K crnom orlu» i ona je osnovana u četrnaestom stoljeću. Ona se nalazi u starom dijelu Zagreba, na Gornjem gradu, na adresi Kamenita ulica 9. Nekada su se ljekarne gradile na uglovima prometnih ulica pa je i ljekarna «K crnom orlu» izgrađena na raskrižju s Habdelićevom ulicom, odmah iznad Kamenitih vrata.

Kada je ljekarna «K crnom orlu» točno osnovana, to se ne zna, ali postoji sudski dokument iz godine 1355. Znači da je ta ljekarna postojala i prije 1355. godine. Vlasnik ljekarne je 1355. godine bio neki Talijan. To nije bilo neobično: u trinaestom stoljeću se u Zagreb doselilo nekoliko bogatih obitelji iz Venecije i iz Firence.

Još danas postoji ulica koja se zove Mletačka ulica jer se Venecija u povijesti zvala Mletačka republika. Poznato je također da je 1399. godine u toj ljekarni radio Nicolo Alighieri iz Verone, praunuk pisca Dantea Alighierija, autora «Božanstvene komedije».

Zanimljivo je da se početkom dvadesetog stoljeća ljudi nisu sretali samo u kavanama i pekarnicama nego i u ljekarnama.

U ljekarnama prodavali su se, osim lijekova, i papir i tinta i ljekarne su bile sastajališta liječnika, umjetnika, političara, literata i obrtnika.

Još danas je ljekarna «K crnom orlu» otvorena i radi kao i prije.

U Dubrovniku

Sven: Molim vas, gdje su Lazareti?...

Marinko: Lazareti?... Trebate ići ravno pa... Idete možda na violinski koncert?

Sven: Da.

Marinko: On je premješten na drugu lokaciju.

Sven: Da?

Marinko: U atrij palače Sponza.

Sven: Gdje?

Marinko: Vi ste prvi put u Dubrovniku, zar ne?

Sven: Da. Nikako se ne mogu snaći.

Marinko: Stari grad u Dubrovniku je jednostavan. Na kraju Straduna je palača
            Sponza.

Sven: Što je Stradun?

Marinko: To je glavna ulica u starom gradu. Ne možete je promašiti. Idite kamo svi
            idu i doći ćete do Straduna.

Sven: Svi putovi dakle vode na Stradun?

Marinko: Da, to možete i tako reći.

Kuća moje bake

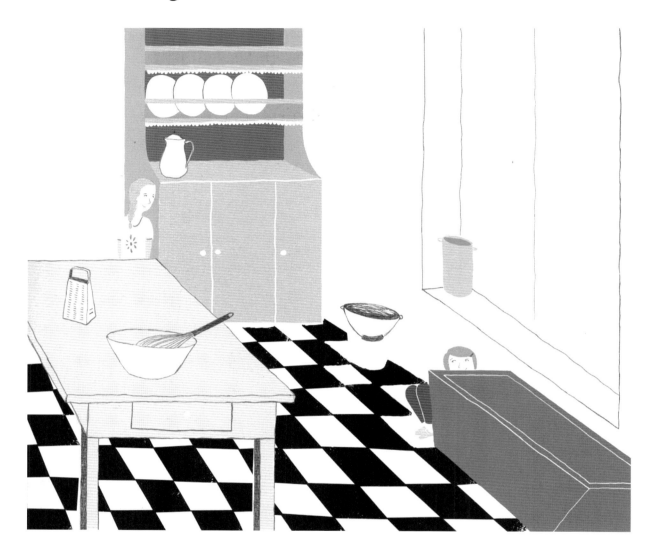

Kuća moje bake u Gospiću bila je stara kuća s velikom kuhinjom. U kuhinji sam se rado igrao: u kuhinji je bila velika peć i oko nje smo se igrali skrivača. Ispred kuće bilo je veliko dvorište. Ali mi, djeca, mi smo se voljeli igrati skrivača u kuhinji. Kad smo bili preglasni, baka je rekla: «Idite u dvorište!» U dvorištu su bile kokoši. Mi smo lovili kokoši. Baka je tada rekla: «Ostavite kokoši na miru! Idite u voćnjak!» Ali u voćnjaku se nije moglo igrati skrivača jer je voćnjak bio mlad i drveća su bila tanka. Zato smo jeli nezrelo voće. Baka je onda rekla da trebamo čuvati kozu Bibu. I to je bila interesantna igra.

Kako je bilo?

Sanja: Gdje si bio za praznik Svih svetih?

Gordan: Za «Sisvete» sam bio u Zadru, kod moje sestre Nike.

Sanja: Kako je bilo?

Gordan: Bilo je vrlo lijepo jer je došao i naš brat Marin iz Biograda s djecom. Nismo se dugo vidjeli. A ti?

Sanja: Ja sam bila kod mojih ujaka u Splitu. Nisam dugo bila u Splitu, zadnji put sam bila ondje prije 11 godina, kad sam bila studentica. Mogu ti reći da se Split jako promijenio. Neke ulice nisam mogla prepoznati, otvoreno je puno novih trgovina i puno se izgradilo. I moji nećaci sada su već veliki – vrijeme prolazi kao u letu.

Gordan: Što si radila u Splitu?

Sanja: Bila sam dva dana u Splitu a treći dan vodila sam nećake na slapove Krke. To su vrlo lijepi slapovi, a moji ujaci nikad nemaju vremena za izlet do tamo.

Gordan: Ti jako voliš svoje nećake?

Sanja: Da, volim djecu. Zato sam i postala odgajateljica u vrtiću.

Prvi randevu moje sestre

Moja sestra Valentina ima 16 godina, ona je starija od mene 10 godina. Ona je jučer imala prvi ljubavni sastanak - prvi randevu. S Tihomirom. Tihomir je naš susjed i ide s Valentinom u isti razred. Oni se vide svaki dan u školi. Oni se vide i svaki dan u dvorištu. Oni su odrasli zajedno. I jučer su išli u kino. Samo oni. Ja nisam smjela ići s njima. To mi nije baš jasno. Mi smo često išli s Tihomirom u kino – moja sestra, ja i njegov brat Bojan – , ali «sad je to drugačije», rekla mi je Valentina. Ja sam je pitala što je to drugačije, ali ona mi je rekla da sam ja još mala za te stvari. Ja sam onda pitala Tihomira što će oni raditi u kinu. On se nasmijao i rekao da će gledati film. Ja sam pitala da li smijem s njima ići u kino. On je rekao da to moram pitati Valentinu. Ja nisam pitala Valentinu nego mamu. Moja mama mi je rekla da oni imaju ljubavni sastanak i da je to za omladinu a ne za djecu. Taj odgovor mi nije ništa objasnio.

Prvi put na moru

Kad sam došla prvi put na more u Dubrovnik, bila sam umorna. Vozili smo se cijelu noć jer moj otac nije htio voziti po danu, kad je vruće. Stigli smo ujutro i ja sam konačno vidjela to more. Bilo je jako plavo i jako veliko – nije imalo kraja. Mi nismo odsjeli u hotelu nego smo došli u posjet tatinim prijateljima. Vesna i ja smo odmah otišle na obalu. Bilo je oko 8 sati i prvi kupači su dolazili na plažu. Ja sam uživala u suncu i udisala svježi morski zrak. Ušla sam u vodu, ali samo do koljena – naši roditelji su rekli da se odmah vratimo kući kad vidimo more iz blizine. Voda je bila hladna, ali ugodna za noge. U vodi sam vidjela malu ribu. Ona je plivala oko mojih nogu. Ja sam pitala Vesnu da li će me riba ugristi. Vesna se nasmijala. Onda su se pojavili valovi. Izgledalo je kao da je more oživjelo i da mi želi nešto reći kroz valove. Slušala sam pozorno. Onda sam shvatila što je more reklo: «Dobro jutro, Matilda!», reklo mi je more.

Proslava mature

Srećko: Kako je bilo jučer kod Fabijana? Kako ste proslavili maturu?

Martina: Bilo je odlično. Društvo je bilo dobro, bilo je veselo. Ali samo do ponoći.

Srećko: Zašto samo do ponoći?

Martina: Imali smo problema s njegovim susjedom. On je došao u ponoć na vrata i htio da prestanemo sa slavljem.

Srećko: Zašto?

Martina: Ne znam. Fabijan je rekao da on uvijek dolazi na vrata i tuži se na buku. Ima navodno osjetljive uši.

Srećko: Bili ste bučni?

Martina: Do ponoći smo bili bučni, ali onda smo se utišali. No susjed je ponovo došao oko 2 sata i tražio opet da prestanemo s bukom.

Srećko: I?

Martina: Onda smo ga pozvali unutra i pokazali mu da upravo jedemo i da se ne deremo. Barbara ga je pozvala da nam se pridruži.

Srećko: I što je susjed napravio?

Martina: Prihvatio je poziv.

Fotolia.de/Nejron Photo

Mačka na zebri

Policajac: Dobar dan! Da li ste vidjeli kako se dogodila prometna nezgoda?...

Očevidac: Da. Vidio sam kako je auto zakočio i kako ga je auto iza njega udario.

Policajac: Da li ste vidjeli zašto je auto zakočio i zaustavio promet?

Očevidac: Da, vidio sam. Bilo je to zbog mačke.

Policajac: Interesantno.

Očevidac: Ja sam sjedio u kafiću kraj raskrižja i pio kavu, kad sam čuo kočnice. Pogledao sam raskrižje i vidio mačku na zebri.

Policajac: Mačku?

Očevidac: Da, pravu mačku. Veliku, crnu mačku.

Policajac: Crnu mačku?

Očevidac: Da, hodala je polako preko zebre kao pravi pješak. A vozač je u automobilu, mislim, psovao. U svakom slučaju bio je ljut. Onda sam vidio kako je naišao auto iza njega, ali nije kočio. Udario ga je. Nije jako, ali se čulo jako... Da li je tko povrijeđen?

Policajac: Ne, nije.

Očevidac: To je dobro. Mačka i zebra kao par – to može jako zbuniti vozače.

123rf.com/Vasiliy Koval

Moj neobični prijatelj

Mogao bih puno pričati o mojem prijatelju Vinku. Puno puta smo bili u njegovom kafiću. Njegov kafić «Zbogom pameti» nadaleko je poznat. Za kafić Vinko kaže: «Kad uđeš u njega, zaboravi pamet.»

Da li i Vinko zaboravlja pamet kad ulazi u vlastiti kafić? Jednom se Vinko popeo na stol i pjevao svoju omiljenu pjesmu oko dva sata. Njegovi prijatelji su pomislili da je Vinko izgubio pamet. Vinko je samo rekao: «Zar ste zaboravili kako se zove moj kafić?»

Jednom je Vinko organizirao u kafiću šahovski turnir za taksiste i liječene alkoholičare. Pobjednik je dobio sanduk piva.

Sve naše rođendane slavili smo kod Vinka. Naši rođendani pamtili su se u kvartu. Vinko se nije ljutio zbog naše vike i visokih kazni zbog remećenja javnog reda i mira. On se samo nasmijao: «Koji bogataš ima pameti?»

Za moju nećakinju iz Švedske je kupio stol u Ikei i htio joj je pokloniti stol kao «švedski» stol. Moja nećakinja je ipak odbila njegovu ponudu za brak.

Vinko je nedavno odlučio prodati kafić i otići u Indiju. U Indiji želi otvoriti trgovinu dragim kamenjem. Vinko je rekao da ćemo obavezno morati doći u Indiju.

Vinko nije nikada živio izvan našeg grada, a kamoli izvan Hrvatske.

Ali to očito za njega nije od značaja.

Moj djed vlakovođa

Moj djed je bio vlakovođa. On je upravljao parnim vlakom na relaciji Rijeka – Zagreb: vlak je prevozio robu iz Rijeke u unutrašnjost Hrvatske. Najveća brzina vlaka bila je 80 kilometara na sat. Lokomotiva je bila dugačka oko 20 metara. Moj djed je bio vlakovođa 23 godine – od 1958. do 1971. godine. Godine 1972. nestale su parne lokomotive u Hrvatskoj, a moj djed je dobio posao u uredu. Moj djed je umro 2005. godine i ostavio mi je zbirku svojih maketnih lokomotiva. On je naime radio makete lokomotiva. Najviše je bio ponosan na model lokomotive koju je vozio: lokomotivu «Liberation». To je bio stari naziv njegove lokomotive, još iz vremena nakon Drugog svjetskog rata.

To mora da je bio jako uzbudljiv posao: voziti lokomotivu, i to parnu lokomotivu. Ona se pokretala onako kako je to odlučio vlakovođa. Vlakovođa je morao paziti na svaku strminu, na svaki zavoj, na svaki uspon. Danas više nema parnih lokomotiva. Danas je sve daljinski upravljano i sve je višestruko kontrolirano. Danas je sve sigurno i nema više svakodnevnih uzbuđenja.

Posao izumitelja

Božidar: Imaš li «penkalu»?

Janko: «Penkalu»? Što je «penkala»?

Božidar: Kemijska olovka.

Janko: Zašto je zoveš «penkala»?

Božidar: Zar ne znaš tko je bio gospodin Penkala?

Janko: ... Ti se šališ sa mnom, zar ne?

Božidar: Ne, ozbiljno. Postojao je gospodin Penkala i on je izmislio kemijsku olovku. Prije se to zvalo mehanička olovka. Danas se to zove kemijska olovka. Još uvijek je neki zovu «penkala».

Janko: Ja sam mislio da riječ «penkala» dolazi od engleske riječi «pen».

Božidar: Ne, riječ dolazi od Penkale. On je izmislio i nalivpero s krutom tintom. Izumio je i termofor.

Janko: Što je termofor?

Božidar: To je gumeni jastučić s vrućom vodom, a služi za grijanje tijela.

Janko: Mislim da znam na što misliš.

Božidar: Osim toga izmislio je i dinamometar. To je dio bicikla koji daje energiju svjetlu na biciklu. I deterdžent za pranje rublja. I još oko 80 drugih izuma.

Janko: Imao je vrlo zanimljiv posao. Je li bio bogat?

Božidar: Da, bio je bogat.

Janko: Poznat?

Božidar: Da, bio je i poznat.

Janko: Hm, to je posao za mene. I ja ću se baciti na izume.

Domaća zadaća:
«Moji heroji»

Jučer sam čitao u novinama o jednom zanimljivom zanimanju: razbijačima jaja. Postoje ljudi kojima je posao razbijanje jaja. Oni odvajaju bjelanjak od žumanjka jer to strojevi ne mogu dobro i kvalitetno. Oni su traženi u tvornicama i manufakturama koje proizvode kolače i torte. Razbijači jaja ne rade sami nego u timu. Oni su uvijek u timu s ljudima koji mirišu jaja. Ti ljudi mirišu jaja kako bi provjerili kvalitetu jaja.

Kad sam to pročitao, bilo mi je odmah jasno – to su moji heroji i ja im se divim.

Na Dolcu

Davor:	*Koliko koštaju ove jabuke?*
Prodavačica:	*Ove crvene jabuke koštaju 15 kuna, a ove domaće jabuke –* *17 kuna.*
Davor:	*Domaće jabuke su skuplje?*
Prodavačica:	*Da. Nisu prskane, ukusnije su i zato su skuplje. Za što trebate jabuke?*
Davor:	*Želim napraviti kompot od jabuka.*
Prodavačica:	*Ozbiljno?... To je danas vrlo rijetko.*
Davor:	*Što to?*
Prodavačica:	*Da netko pravi domaći kompot i to od jabuka. Danas se sve kupuje gotovo.*
Davor:	*Da, ali ja želim napraviti kompot od neprskanih jabuka. Bio kompot.*
Prodavačica:	*Da, vidjela sam baš neki dan kako su ti bio proizvodi skupi. Isplati se da čovjek kod kuće sam napravi zdravu zimnicu.*
Davor:	*To za mene nije zimnica, ja svaki drugi dan jedem kompot. Volim kompote.*
Prodavačica:	*Vidite li ove šljive? I one su neprskane.*
Davor:	*Ne, ne volim šljive. Uzet ću samo jabuke.*
Prodavačica:	*Koliko? Kilogram? Dva?*
Davor:	*Ako uzmem tri kilograma, dobit ću popust?*
Prodavačica:	*Naravno.*

Usporedba

Prošle godine bila sam na Jadranskom moru i bila sam na
Balatonskom jezeru. Mogu utvrditi sljedeće razlike:

Jadran je dublji od Balatona. Balaton je dobar za početnike u
plivanju.

Ja živim u Berlinu, a to znači: Jadran je dalje od Balatona.

Jadran je plavlji od Balatona. To je dobro znati kad se žele
napraviti dobre fotografije.

Balaton je topliji od Jadrana – naravno: Balaton je jezero, a Jadran
je more.

Prilaz u vodu je na Jadranu strmiji nego na Balatonu.

Jadran je slan, a Balaton nije slan. To znači: poslije kupanja u
Balatonu se ne moraš tuširati.

Na Jadranu je puno više turista nego na Balatonu. To znači: veća je
gužva.

Ponuda u restoranima je bogatija na Jadranu nego na Balatonu.

Ali s druge strane: riblja ponuda u restoranima na Balatonu je
interesantnija.

Jadran je skuplji od Balatona – to je loše za studente kao što sam
ja.

Profesor Baltazar

Profesor Baltazar je poznati crtani film. Kad sam bila mala, voljela sam gledati crtane filmove s Baltazarom. Prije «Dnevnika» u pola osam, mi smo gledali crtić s profesorom Baltazarom. Baltazar je živio u Baltazargradu i rješavao je probleme svojih sugrađana na poseban način: on je prvo dugo mislio kako da riješi problem, a kad je smislio rješenje, uključio je jedan stroj i taj stroj je pretvarao sva njegova rješenja u tekućinu. Tu tekućinu je profesor Baltazar ulio u epruvetu i prolio je na «problem». Tako je sve bilo riješeno: na crnim oblacima izraslo je cvijeće, nesretni ljudi našli su izgubljene prijatelje, životinje su propjevale, svi su slavili. Sve je nanovo uređeno, neobično ali djelotvorno. Danas ja imam djecu i ona rado gledaju profesora Baltazara.

Odmor nekada i danas

Prije stotinjak godina samo su bogati ljudi išli na odmor na more i u planine. Tko je imao novaca, taj si je mogao priuštiti dane u lječilištima s toplom vodom. Nekad su bili popularni takvi odmori u Varaždinu, Topuskom, Daruvaru, Buzetu i Motovunu. Danas su termalna lječilišta mnogobrojnija nego prije, a ne služe samo u medicinske svrhe nego kao i turistička ponuda.

Nekada su siromašniji ljudi iz gradova posjećivali rodbinu na selu i za njih je to bio ljetni odmor. S vremenom je svakom postao dostupan odmor na moru ili u planinama. Danas, kada mnoga gradska djeca nisu vidjela uživo konje, krave, ovce ili svinje, sve je više postao popularan odmor na selu i na seoskom imanju.

Pasji život

Moja prijateljica Sanja ima psa. Njezin pas ima lijepu kućicu. U kućici pas spava.

Sanjin pas voli tu kućicu. On voli tu kućicu jer ne dozvoljava nikome da u nju uđe.

Možda je malo glupo da ulazimo u kućicu jednog psa. Sanjin pas nije oštar. Ali on laje kad se približimo ulazu kućice.

Za naše godine, – a imamo sedam godina, – vrlo smo pametni, tako kaže baka. Ali psi trebaju stanovati u pasjim kućama, a mi u našim, tako kaže baka.

Pas moje prijateljice Sanje često ulazi u Sanjinu kuću. Zašto pas smije biti sa svojom gospodaricom u njezinoj kući, a njegova gospodarica ne smije biti s njim u njegovoj kućici? Kad bih ja bio pas, ja se ne bih ljutio na moguće goste. Ja bih svakome dozvolio da ulazi u moju kućicu.

Moj tata ponekad kaže da je vani pasja hladnoća.

Moja majka kaže da je u podrumu hladno kao u štenari.

Možda i ne bih mijenjao mjesto s mjestom Sanjinog psa.

Ali s druge strane: nisam nikada vidio da je neki pas drhtao od hladnoće. – Ne smijem ući u pasju kućicu. Ali kako onda da provjerim da li je Sanjinom psu hladno.

Zašto je pasji život tako kompliciran?

123rf.com/Oleg Iandubaev

Iskustvo

Jučer je Filip razbio oba koljena. On je vozio bicikl, ali nije vidio kamen. Pao je i gledao je razbijena koljena. On nije bio hrabar, on je bio znatiželjan. Otac je pitao Filipa: «Zar nisi vidio kamen?» – «Jesam», rekao je Filip. – «Da li si ti namjerno razbio koljena?» – «Da», rekao je Filip. – «Zašto?» – «Interesira me kako je to kad bole oba koljena.» – «I kako je?» – «Bole podjednako», rekao je Filip.

Jasmina i golf

Zašto sam to napravila – to zbilja ne znam! Prihvatila poziv za golf!
Pa tko ide igrati golf iz zabave? Golf se igra iz uvjerenja. Golf igraju
oni kojima kondicija ništa ne znači – u golfu si uvijek u kondiciji,
možeš ga ne igrati i deset godina, ali ćeš i nakon deset godina imati
kondiciju. Golf i šah – to je spas za one koji se ne vole znojiti. Ja čak
ne smatram golf i šah sportom. Ali nisam mogla odoljeti – Maks je bio
tako sladak! Rekao je: «Naučit ću te golf, to je jako jednostavan
sport.» Već mjesecima se gledamo. Uvijek nađe razlog da svrati u moj
ured. Iako je njegova kancelarija na gornjem katu. Ali nikad nešto
konkretno... E, pa sad imam nešto konkretno! Slomila sam nogu. Na
golfu. Tko može slomiti nogu na golfu?...

Odgovori

Sin: Danas ne mogu ići u školu.

Mama: Zašto?

Sin: Imam temperaturu.

Mama: Da? Koliku temperaturu?

Sin: 53 sa 5.

Mama: 53 sa 5?!

Sin: Da. Kao zadnji put kad sam imao gripu. Ja mislim da je opet gripa.

Mama: I imaš 53 sa 5?

Sin: Da.

Mama: Tko je mjerio tvoju temperaturu?

Sin: Božena.

Mama: I tvoja sestra ti je rekla da imaš 53 sa 5?

Sin: Da. Rekla je da ti to kažem.

Mama: A za tvoj test iz matematike danas – da li mi i to trebaš reći?

Sin: Ne, to ti ne trebam reći.

Fotolia.de/sabine hürdler

Prije ručka

Mama: Koliko želiš juhe?

Kćerka: Ne previše juhe. Danas sam jela puno krekera i nisam gladna.

Mama: Koliko krekera si pojela?

Kćerka: Nekoliko krekera.

Mama: Prije ručka?

Kćerka: Da.

Mama: Nekoliko krekera nije cijela kutija krekera.

Kćerka: Jeste.

Mama: Jeste?

Kćerka: Da, u kutiji su bila četiri krekera.

123rf.com/yarlander

Kupovina

U našem selu je mala trgovina. Trgovinu drži moj prijatelj Spomenko. Spomenka poznajem dugo i mogu reći da je vrlo spretan trgovac. Zašto? Evo zašto.

Došao sam jučer kod njega. Dobardan-dobardan.

– Kako je, dragi gospodine?

– «Kakav sad dragi gospodin?!», pomislio sam. «Pa išli smo zajedno u osnovnu školu!...»

– Hvala, ide, Spomenko...

– «No dobro, danas smo gospoda.» Trebam šećera. – rekao sam.

– Nema šećera.

– Kako to?

– Eto, danas nema šećera. U zadnje vrijeme nitko nije kupio ni gram šećera, i sada šećer pati.

– ... Šećer pati?

– Da, u žalosti je.

– Dobar vic.

– Nije vic, – Spomenko je bio ozbiljan.

– Treba mi šalica šećera za palačinke.

– I radi toga dolaziš?

– ... Ne razumijem.

– Šećer pati, u žalosti je jer ga nitko ne želi, a ti kažeš – hoću samo šalicu šećera.

– Naravno da ću kupiti kilogram šećera. Manje šećera se ne može kupiti, zar ne?

– Kilogram šećera ? Kakva je to utjeha?

– Za šećer?

– Da.

– Čuj, palačinke su za djecu.

– Imaš dva sina?

– Da.

– I tri kćerke?

– Da.

– I trebaš samo šalicu šećera?

– Dobro, trebam dva kilograma šećera. Jesi li sad zadovoljan?

– Meni je svejedno, ali to nije velika utjeha za šećer.

– Trebam i mlijeka.

– Koliko mlijeka?

– Je li i ono u žalosti?

– Nije.

– Uzet ću četiri litre mlijeka.

– No dobro... Imam još pet litara sveukupno. Ako uzmeš četiri litre, ostat će još jedna litra. Ostat će sama.

– Hm... Dobro, uzet ću pet litara mlijeka. I trebam brašna. Koliko imaš brašna?

– Oko dvjesto kilograma.

– Spomenko, nemoj pretjerivati!

– Imaš sreću danas, brašno ne pati.

– Trebam kilogram brašna.

– Za petero djece?

– ... No dobro, dva kilograma brašna.

– U palačinke je dobro staviti kiselu vodu.

– Imam kisele vode kod kuće. Sedam boca.

– Kod mene ih nisi kupio.

– Jesam, jesam, prošli tjedan.

– Ah, ta pošiljka nije bila kvalitetna.

– Ta voda je kao uvijek.

– Uzmi ove tri boce vode, to je poklon.

– ... Hvala, Spomenko.

– Ništa, ništa.

Otišao sam kući, žena se ljutila što sam kupio previše namirnica, Bojan je ispekao trideset palačinki. Probao sam novu kiselu vodu. Zaista je bila bolja od one koju sam kupio prošli tjedan.

Rezervacija stolova

Konobar:	Dobar dan!
Muž i žena:	Dobar dan!
Muž:	Želimo rezervirati stolove za proslavu promocije našeg sina.
Konobar:	Vrlo rado. Koliko stolova želite rezervirati?
Muž:	Nekoliko stolova.
Žena:	Najmanje šest stolova.
Muž:	Ali draga, šest stolova previše je. Tvoji roditelji neće doći.
Žena:	Ali će doći prijatelji našeg sina. On mi je dao popis tko će sve doći.
Muž:	No dobro... Recite, da li možemo unaprijed naručiti jela?
Konobar:	Naravno.
Žena:	Molim te, bez vina.
Muž:	Ako ja neću naručiti vino, drugi će naručiti vino.
Žena:	Ah da ... Možemo naručiti predjelo i desert unaprijed?
Konobar:	Naravno.
Muž:	Moj brat i naš sin – oni ne jedu desert.
Žena:	Možemo naručiti dva deserta manje.
Muž:	Naš sin voli samo sladoled.
Žena:	Imate li sladoleda?
Konobar:	Ne, nemamo.
Žena:	Onda ipak dva deserta manje. Kakvih imate poslastica?
Konobar:	Imamo vrlo malo poslastica. Ovo je riblji restoran. Imamo samo fritule s pinjolima.
Žena:	Što su fritule?
Konobar:	Hvarske fritule su tijesto pečeno u ulju.

Žena:	Hm...
Muž:	Ti ne voliš pečeno tijesto u ulju, zar ne?
Žena:	Ne, ne volim.
Konobar:	Imam prijedlog: ako nema puno gostiju, kuhinja će moći pripraviti sva jela i ako gosti direktno naruče.
Muž:	Dobra ideja.
Konobar:	Koliko stolova želite rezervirati?
Muž:	Nekoliko stolova.
Žena:	Zar nismo rekli šest stolova?

123rf.com/Edvard Nalbantjan

Dojam

Prošli tjedan smo bili u Hrvatskoj na izletu. Putovali smo autobusom i posjetili različita mjesta. Vozač autobusa bio je veseo čovjek, a voditeljica puta bila je studentica koja dobro poznaje Hrvatsku.

Prvo smo posjetili dvorac Trakošćan. To je blizu sjeverne granice Hrvatske. Dvorac Trakošćan je vrlo lijep, ali tamo sam izgubila svoju vrećicu s hranom.

Onda smo posjetili Samobor. To je malo izletište kraj Zagreba. Ima staru gradsku jezgru i dobre «kremšnite». U Samoboru sam zaboravila svoj mobitel.

Onda smo posjetili Karlovac. Karlovac leži na rijekama, a one se zovu: Kupa, Korana, Mrežnica i Dobra. U Karlovcu sam izgubila jaknu.

Onda smo išli u Istru. Tamo smo posjetili najmanji grad na Balkanu – Hum. U Humu sam izgubila svoj šal.

Poslije toga smo posjetili Rovinj. Rovinj je grad na istarskoj obali i ima predivnu zelenu obalu. Tamo sam zaboravila svoju knjigu o gradiću Humu.

Nakon Istre smo putovali do planine Velebit. Velebit je prirodan park uz Jadransku obalu i mi smo napravili kratki izlet po Velebitu. Vidjeli smo dalekozorom otoke Krk i Cres. Na Velebitu sam ostavila svoju ručnu torbu.

Ćaskanje u pauzi posla

Borna: Ja bih sada nešto popio.

Tereza: Da?

Borna: Da. A kad bih imao vremena, onda bih nešto i pojeo.

Tereza: Što biste popili, kad biste imali vremena?

Borna: Pa ne znam. Kad bih bio u restoranu, sigurno bih naručio vino.

Tereza: Ja ne bih.

Borna: Ne? Što biste vi naručili?

Tereza: Ja bih naručila vodu.

Borna: Vodu? U restoranu?

Tereza: Da. Vodu iz Zadra.

Borna: Iz Zadra? Zašto vodu iz Zadra?

Tereza: Da bih mogla naručiti vodu iz Zadra, onda moram biti u Zadru, zar ne?

Borna: ... Dobra ideja – biti u Zadru.

Tereza: A vi?

Borna: Da, i ja bih želio biti u Zadru. Vodu bih pio nakon crnog vina.

Tereza: Voda bolje odgovara nakon kolača.

Borna: Mislite – nakon deserta?

Tereza: Da.

Borna: Imate pravo. Nakon kolača koji se ne tope lako na suncu.

Tereza: Zašto – na suncu?

Borna: Pa kad se ruča na terasi restorana u Zadru usred ljeta, onda kolač mora biti vrlo hladan.

Tereza: Da, imate pravo. Kada ćete ići u Zadar?

Borna: Za četiri mjeseca. Sada je tek ožujak.

Tereza: Da. A sada moramo nazad u ured – pauza je prošla.

Kašnjenje autobusa

Božidarka: Molim vas, da li biste mi mogli reći zašto autobus iz Bjelovara još nije došao? Trebao je stići prije 20 minuta.

Službenica: Autobus iz Bjelovara danas kasni 30 minuta.

Božidarka: Kako to?

Službenica: Bila je prometna nesreća i došlo je do zastoja.

Božidarka: Oh! Zbilja?... Je li sve u redu s autobusom?

Službenica: Da, s autobusom je sve u redu. U prometnoj nesreći sudjelovao je samo jedan traktorist. Njegov traktor se prevrnuo i došlo je do zastoja. Autobus zato kasni.

Božidarka: Ah tako... Kako to da nema informacija o kašnjenju autobusa?

Službenica: Bilo je informacija. Prije no što je autobus trebao doći, rečeno je preko razglasa da on kasni.

Božidarka: A tako... Ah, očito nisam slušala razglas. Da sam slušala, onda bih čula, zar ne?

Službenica: Da, razglas se dobro čuje.

123rf.com/tunedin123

Putovima poznatih žena

Jochana:	Dobar dan!
Službenica:	Dobar dan! Izvolite.
Jochana:	Molim, želim bukirati putovanje za Dubrovnik.
Službenica:	Naravno. Kada želite u Dubrovnik?
Jochana:	Nije bitno. Bitno je da ne idem direktno do Dubrovnika.
Službenica:	Nego?
Jochana:	Želim ići preko Našica, Križevaca i Ogulina. Da li biste mi mogli organizirati takvo putovanje?
Službenica:	Naravno... Da li smijem znati zašto želite ići preko Našica, Križevaca i Ogulina? Ti gradovi su na sjeveru Hrvatske, a Dubrovnik na jugu.
Jochana:	Znam, želim posjetiti mjesta gdje su rođene, živjele ili umrle poznate žene u Hrvatskoj.
Službenica:	Ah tako...
Johanna:	Našice želim posjetiti jer je tamo odrasla Dora Pejačević.
Službenica:	Dora Pejačević?
Jochana:	Da, ona je bila poznata skladateljica. Živjela je krajem devetnaestog i početkom dvadesetog stoljeća.
Službenica:	Interesantno.
Jochana:	Križevce želim posjetiti jer je u blizini Gornja Rijeka. Tamo je umrla Sidonija Erdödy-Rubidov.
Službenica:	Je li?
Jochana:	Da. Ona je bila poznata operna pjevačica, živjela je u devetnaestom stoljeću.
Službenica:	I to je zanimljivo.
Jochana:	A u Ogulinu je rođena Ivana Brlić-Mažuranić.
Službenica:	Ona je pisala vrlo lijepe bajke. U školi smo imali njezine knjige za lektiru.
Jochana:	Da, nju su zvali «hrvatski Andersen».
Službenica:	Da li i u Dubrovnik želite ići jer je i tamo živjela ili umrla neka poznata žena?
Jochana:	Da. Cvijeta Zuzorić – ona je živjela u petnaestom stoljeću, bila je poznata pjesnikinja i inspiracija mnogih tadašnjih pisaca.
Službenica:	To je orginalna ideja za putovanje.
Jochana:	Znači – možete li mi organizirati takvo putovanje?
Službenica:	Naravno, naša agencija može organizirati svako putovanje.

Izuzetno putovanje

Romana: Dobar dan! Izvolite.

Tarif: Dobar dan!... Tražim neko izuzetno putovanje. Želim prijateljima ispričati da sam proveo nezaboravno ljetovanje. Imate li neko izuzetno putovanje?

Romana: Imate sreću – sva naša putovanja su izuzetna. Imamo prekrasne destinacije na Jadranu i mogu vam ...

Tarif: Ne, ne bih na more. Znate, moja zemlja ima more i ja bih htio drugačije putovanje.

Romana: Drugačije?

Tarif: Da.

Romana: Koja vrsta turizma vas zanima?

Tarif: Koja vrsta turizma postoji u Hrvatskoj?

Romana: Izvan Jadrana postoji seoski turizam, vjerski, zdrastveni, lovni, ribolovni, kulturni, ekološki i izletnički turizam. Koji bi vas turizam zanimao?

Tarif: Hm... Iskreno rečeno niti jedan.

Romana: ... Na Jadranu postoji osim hotelskog turizma i nautički i ronilački turizam, naturizam, krstarenja brodom te Robinzonski turizam.

Tarif: ... Robinzonski turizam?

Romana: Da, on je postao vrlo popularan zadnjih godina – boravak na usamljenim svjetionicima kao što su na dubrovačkim Grebenima ili na otoku Palagruži.

Tarif: To zvuči interesantno.

Romana: I jeste. O tom iskustvu ćete moći puno pričati svojim prijateljima.

Tarif: Odlično! Recite mi više o tome...

Romana: Rado.

Na aerodromu

Službenik:	Jako nam je žao što vaš kovčeg nije stigao. On se nije zagubio, on će stići sutra ujutro. Zabunom je poslan u Split, a ne u Dubrovnik.
Darijo:	I sigurno će sutra stići?
Službenik:	Da, trebao bi sutra sigurno stići. Recite mi: da li ste sklopili ekstra ugovor o osiguranju prtljage?
Darijo:	Zašto to pitate ako se kovčeg neće izgubiti?
Službenik:	Za svaki slučaj.
Darijo:	Ne, nisam sklopio poseban ugovor o osiguranju prtljage.
Službenik:	Mi odgovaramo za štetu samo do određenog iznosa. On nije visok. Recite mi koja je bila vrijednost u vašem kovčegu?
Darijo:	Bila je uglavnom odjeća za plažu, toaletni pribor i tenisice. To su bile stvari mojeg sina.
Službenik:	... Vi ste putovali s vašim sinom?
Darijo:	Ne, nisam. Upravo sam primio poruku od žene. Ona kaže da smo moj sin i ja zabunom zamijenili kovčege. Moj sin je isti dan putovao na ljetovanje u Grčku, a imamo iste kovčege. Sada je on u Ateni s mojim knjigama za simpozij i s mojim odijelima.
Službenik:	Znači, vaše se stvari nisu zagubile.
Darijo:	Stvari nisu, ali moj kovčeg jeste.

Destinacija – Brazil

Buga i Mirko: Dobar dan!

Službenik: Dobar dan! Izvolite...

Buga: Mi bismo putovali u Južnu Ameriku.

Službenik: Kamo biste točno putovali?

Mirko: U Brazil. Oduvijek smo htjeli posjetiti južnu Ameriku. A za Brazil smo čuli da se mora posjetiti. U Brazilu bismo rado plovili po Amazoni.

Službenik: Da, Brazil je odlična destinacija. A ploviti po Amazoni – taj dio putovanja ja vam ne bih mogao organizirati. Takve izlete organiziraju lokalni vodiči, za takav izlet trebali biste pitati na licu mjesta... Što biste još posjetili?

Buga: Posjetili bismo karneval.

Službenik: Naravno...

Mirko: Htjeli bismo biti u blizini Copacabane.

Buga: Da li biste nam mogli organizirati sobu u nekom hotelu s pogledom na Copacabanu?

Službenik: Jasno. Da li biste platili visoku ili nisku kategoriju hotela?

Buga: Htjeli bismo sobu u hotelu visoke kategorije.

Službenik: Kada biste željeli ići u Brazil?

Mirko: Htjeli bismo ići u vrijeme karnevala.

Službenik: Koliko dugo biste ostali?

Buga: Tri tjedna.

Organizacija posla

Željka:	Molim vas, da li biste mi mogli pomoći?
Matija:	Naravno.
Željka:	Da li znate gdje bi bila izvješća o broju noćenja u našem hotelu za mjesec lipanj?
Matija:	Da, znao bih.
Željka:	Biste li bili tako ljubazni i donijeli te izvještaje? Rado bih napisala zaključak.
Matija:	To je sve?
Željka:	Ne. Rado bih pila kavu i pisala. Da li biste mi donijeli kavu?
Matija:	Naravno.
Željka:	Da li biste, molim vas, nazvali gospodina Vranića? On bi trebao dobiti izvještaje i zaključak do sutra – želim da mu to i potvrdite. Poslije bih trebala pogledati i elektronsku poštu. A sada bih išla na pauzu. Nakon što popijem kavu.
Matija:	… Ako sada idete na pauzu, onda morate ostati u uredu i poslije radnog vremena. Ako želite napraviti sve na vrijeme za gospodina Vranića.
Željka:	… Imate pravo … Ne, neću ići na pauzu i neću piti kavu. Vi mi samo donesite izvještaje.
Matija:	U redu.

Kad bih ja bio mačka ...

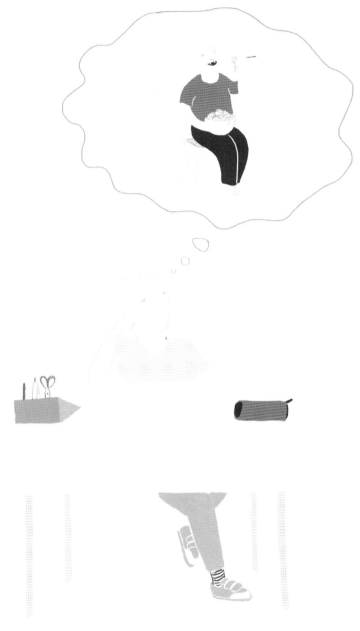

Kad bih ja bio mačka, ja bih se cijeli dan igrao. Ne bih išao u školu. I moji roditelji bi bili mačke. Djeca bi se stalno igrala s nama. Ja bih se zvao Mikica. Svi bi govorili: «Dođi, Mikica...» Ja bih lovio miševe, ali ih ne bih jeo. Ja bih ih puštao da dalje žive. Osim toga ja bih živio na moru. Kad bi mi bilo dosadno u nekom gradu, ja bih otišao na neki brod, tamo se sakrio i tako bih putovao. Ja ne bih bio slijepi putnik jer mačke ne mogu biti slijepi putnici. Svi bi me voljeli i govorili «Dođi, Mikica...». Možda me ne bi svi zvali Mikica jer ne bi znali kako se zovem. Ali svejedno. Ja ne bih otputovao daleko – samo do Italije. Ja sam oduvijek htio znati da li i mačke u Italiji jedu špagete. To sam vidio u jednom filmu, ali kada sam dao špagete jednoj mački lutalici, ona ih nije jela.

Kad bih imao novaca ...

Kad bih imao novaca, ja bih pisao knjige. Ne kod kuće nego na Jadranu. Sjedio bih na terasi svoje vile i pisao knjigu o svojim doživljajima u Africi. O tome kako sam radio kao volonter u izgradnji škola i kako sam pomogao u kompjutorskoj izobrazbi djece po Africi. Ja bih pio limunadu na terasi i jeo kolač od kivija. Limuni i kivi bili bi iz mojeg voćnjaka. Moj voćnjak ne bi služio za profit nego za djecu iz okolnih škola. Djeca bi sama sadila voćke, brinula se o njima, učila o sadnji i brizi voćaka. Ja bih bio pokusni kunić za limunadu koju bi djeca sama napravila i za kivije koje bi oni sami uzgajali. Ja bih jeo kolače koje bi djeca izmislila. Ja bih dodjeljivao nagradu za najbolji recept od voća. Škole bi prodavale višak limuna i kivija i taj novac bi služio za unapređenje škole. Ako limuni i kiviji ne bi bili rodni, ja bih taj novac nadoknadio školama.

Vokabelliste

Abkürzungen:
f. – Feminin
hist. – historisch
lok. – lokaler Ausdruck
voll. – vollendeter (imperfektiver) Verbaspekt –
zur Erklärung siehe: Grammatikbuch «Ja govorim
hrvatski 2» (Lektion 9) sowie das Buch «Verbalaspekte
im Kroatischen»

Milka Trnina

svjetski poznat – weltberühmt
dobrotvorka – Wohltäterin
izvan Hrvatske – außerhalb Kroatiens
gostovanje – Gastspiel
dobrotvorna svrha – wohltätiger Zweck
malograđanština – Spießbürgerlichkeit
škrtost – Geiz
anegdota – Anekdote
visoko društvo – hohe Gesellschaft
proslava – Feier
imendan – Namenstag
pristati – (*voll.* – ja pristanem) – zusagen
takav – solcher/solchen
honorar – Honorar
krava – Kuh
mogla bih – ich könnte
pa – dann

Tin Ujević

pjesnik – Dichter
provoditi (ja provodim) – verbringen
gostionica – Gasthaus
pjesma – Gedicht
diskutirati (ja diskutiram) – diskutieren
ostali – andere
no – aber
jednom – einmal
sjediti (ja sjedim) – sitzen
ispred – vor
prazan – leer
poznanik – Bekannter
kazati (ja kažem) – sagen
neki/neka/neko – ein, irgendein
«špricer» – Spritzer (Weißer Gespritzter)
laž (f.) – Lüge
šaljivac – Spaßvogel
platiti (*voll.* – ja platim) – zahlen

Razgovor na dva jezika

podrum – Keller
držati (ja držim) – halten
posluživati (ja poslužujem) – bedienen
riječ – Wort
izvedenica – abgeleitetes Wort
zanimljiv – interessant

smjeti (ja smijem) – dürfen
s otoka – von der Insel
razumljivo – verständlich
plavi muškarac – blondhaariger Mann
nećak – Neffe
semestarski praznici – Semesterferien
godišnji odmor – Urlaub
sviđati se (ja se sviđam) – gefallen
prvi put – erstes Mal
zaljubiti se – (*voll.* – ja se zaljubim) – sich verlieben
jednom – einmal
dobiti – (*voll.* – ja dobim/dobijem) –bekommen
opet – wieder
doći – (*voll.* – ja dođem) – kommen
upoznati – (*voll.* – ja upoznam) – kennenlernen
budući – zukünftig
od tada – von da an
dolaziti (ja dolazim) – kommen
poznati – (*voll.* – ja poznam) – kennen
bolje – besser
svaki put – jedes Mal
otkrivati (ja otkrivam) – entdecken

Kompromis

uskoro – bald
oženiti se – (*voll.* – ja se oženim) – heiraten (ein Mann)
raspitati se – (*voll.* – ja se raspitam) – sich erkundigen
mogući – möglich
slobodan – frei
odgovarati (ja odgovaram) – passen
mi – mir
nikako – auf keinen Fall
sretan dan – Glückstag
otac – Vater
ne dolazi u obzir – kommt nicht in Frage
uzeti – (*voll.* – ja uzmem) – nehmen
ponoć – Mitternacht

Moji susjedi

prizemlje – Erdgeschoss
vlasnik – Besitzer
preseliti – (*voll.* – ja preselim) – übersiedeln
otvoriti – (*voll.* – ja otvorim) – eröffnen, öffnen
praonica rublja – Waschsalon
podrijetlom – von der Abstammung her
Mađarska – Ungarn
urarska radnja – Uhrmachergeschäft
udovac – Witwer
nestao/nestala – verschwunden
rastati se – (*voll.* – ja se rastanem) – sich scheiden
lassen
sreća – Glück
bacati (ja bacam) – werfen, wegwerfen
bombon – Bonbon
kroz prozor – aus dem Fenster
noću – in der Nacht
čuti (ja čujem) – hören
glazba – Musik

stanovati (ja stanujem) – wohnen
zgrada – Gebäude
stalno – ständig, andauernd
posjet – Besuch
stan – Wohnung
prazan – leer

Nazivi mjeseci

naziv – Bezeichnung
mjesec – Monat
deda – (lok.) Opa
naučiti – (voll. – ja naučim) – lernen
ništa lakše – nichts Leichteres
siječanj – Jänner
njega – ihn
veljača – Februar
zaboraviti – (voll. – ja zaboravim) – vergessen
preskočiti (voll. – ja preskočim) – überspringen, übersehen
slično – ähnlich
znači – bedeutet, heißt
taj – dieser
nazvati – (voll. – ja nazovem) – nennen
ožujak – März
«Ožujsko pivo» – Biermarke in Kroatien
zapamtiti – (voll. – ja zapamtim) – sich merken
travanj – April
svibanj – Mai
svi – alle
panj – Baumstumpf
ono – das
ostati – (voll. – ja ostanem) – bleiben
posjeći drvo – einen Baum fällen
lipanj – Juni
jasniji – klarer
tu – hier
piše se – man schreibt
staviti – (voll. – ja stavim) – setzen
ispred – vor
glumac – Schauspieler
baviti se (ja se bavim) – betreiben (einen Sport)
ozbiljno – wirklich
srp – Sichel
srpanj – Juli
objasniti – (voll. – ja objasnim) – erklären
zajedno – zusammen
kolovoz – August
odlično – ausgezeichnet
rujan – September
listopad – Oktober
bujan – üppig
lišće – Laub
padati (ja padam) – fallen
studeni – November
prosinac – Dezember
zaprositi – (voll. – ja zaprosim) – jemandem einen Heiratsantrag machen
udati se – (voll. – ja se udam) – heiraten (Frau)
odmah – gleich

čekati (ja čekam) – warten
pomoći – (voll. – ja pomognem) – helfen

Bratski dogovor

bratski – brüderlich
dogovor – Abmachung
kupiti – (voll. – ja kupim) – kaufen
godišnjica braka – Hochzeitstag
za neku kazališnu predstavu – für eine Theatervorstellung
nogometna utakmica – Fußballspiel
različit – unterschiedlich, verschieden
tema – Thema

Briga

briga – Sorge
kome – wem
dati – (voll. – ja dam) – geben
nego – sondern
slatkiši – Süßigkeiten
radi se o – es geht um, es handelt sich um
djevojčica – Mädchen
uzeti – (voll. – ja uzmem) – nehmen

Rođendanski poklon

savjet – Rat, Tipp
preporuka – Empfehlung
novac – Geld
kreditna kartica – Kreditkarte
na njoj piše – drauf steht, auf ihr steht
savjetovati (ja savjetujem) – beraten
potrošiti – (voll. – ja potrošim) – ausgeben
društvo – Gesellschaft
preporučiti – (voll. – ja preporučim) – empfehlen
čestitati (ja čestitam) – gratulieren

Neobične želje

neobično – ungewöhnlich
pasti na pamet – einfallen, in den Sinn kommen
razmišljati (ja razmišljam) – nachdenken
skinuti – (voll. – ja skinem) – ausziehen
staviti – (voll. – ja stavim) – setzen, aufsetzen
maska – Maske
lice – Gesicht
popeti se – (voll. – ja se popnem) – klettern
sjesti – (voll. – ja sjednem) – sich setzen
uključiti – (voll. – ja uključim) – einschalten
daljinski upravljač – Fernbedienung
krimić – Krimi (Film)
povijesni film – historischer Film
gađati (ja gađam) – zielen, beschießen
čudno – eigenartig
mustra – Muster
dopunjen – ergänzt
estetski – ästhetisch
probati (ja probam) – probieren
neznanac – Unbekannter, Fremder

nazvati – (*voll.* – ja nazovem) – anrufen
djetinjasto – kindisch
pogotovo – ganz besonders
želja – Wunsch
popiti – (*voll.* – ja popijem) – trinken
okus – Geschmack
čuditi se (ja se čudim) – sich wundern
napraviti – (*voll.* – ja napravim) – machen
izmisliti – (*voll.* – ja izmislim) – ausdenken
džuboks – Jukebox
gramofonska ploča – Schallplatte
sjediti (ja sjedim) – sitzen
crtati (ja crtam) – zeichnen
plafon – Decke
slika – Bild
nešto drugo – etwas Anderes

U kinu

mlađi brat – jüngerer Bruder
stariji brat – älterer Bruder
trajati (ja trajem) – dauern
svejedno mi je – es ist mir egal
možda – vielleicht
vruće mi je – mir ist heiß
loše mi je – ich fühle mich schlecht, mir ist schlecht
pojesti – (*voll.* – ja pojedem) – essen
popiti – (*voll.* – ja popijem) – trinken
pomozi mi! – hilf mir!
daj mi! – gib mir!
vrećica – Sackerl, Tüte

Zagreb ljeti

ljeto – Sommer; ljeti – im Sommer
prvi put – erstes Mal
Strossmayerovo šetalište – Strossmayer Promenade in Zagreb
Gornji grad – Altstadt
okupljalište mladih i starih – Treffpunkt von Jung und Alt
kulturna i zabavna događanja – Kultur- und Unterhaltungsereignisse
dio – Teil
iznad – über
centar – Zentrum
početak – Anfang
Ilica – «Ilica» – die längste und wichtigste Straße in Zagreb
sa «Štrosa» – von «Štros» her(unter)
pogled – Aussicht
dolaziti (ja dolazim) – kommen;
kako se dolazi – wie kommt man
doći – (*voll.* – ja dođem) – kommen, erreichen
nekoliko – einige
način – Art
uspinjačom – mit der Standseilbahn
uspinjača – Standseilbahn
isto tako – ebenso
preko – über
postojati (ja postojim) – existieren, bestehen

vožnja uspinjačom – Standseilbahnfahrt
trajati (ja trajem) – dauern
manje – weniger
uspon – Steigung
točan – genau
ja bih se htjela voziti – ich (f.) würde fahren
raskrižje – Kreuzung
obično – gewöhnlich
prolaz – Durchgang
do nje – neben ihr
uličica – kleine Gasse
ući (*voll.* – ja uđem) – hineingehen
između – zwischen
stube = stepenice – Treppen
penjati se (ja se penjem) – hinaufsteigen
taj – dieser
dovoljno – genug
previše – zuviel
reci! – sag!
što ima? – was gibt es?
po ljeti – im Sommer
umjetnička radionica –Künstlerwerkstatt
odrasli (pl.) – Erwachsene
modna revija – Modeschau
pola – halb
vatromet – Feuerwerk
natječaj – Wettbewerb
najljepši – der schönste
pas mješanac – Mischling(shund)
osim toga – außerdem
ugodan – angenehm
mjesto – Platz
za sjesti – zum Sitzen
za popiti – zum Trinken
piće – Getränk
u društvu – in Gesellschaft
obavezno – unbedingt

Festival djeteta u Šibeniku

festival djeteta – Festival des Kindes
ravno – geradeaus
uličica – kleine Gasse
odmah – gleich
doći – (*voll.* – ja dođem) – ankommen
križanje = raskrižje – Kreuzung
uzak/uska – eng
bez prometa – verkehrsfrei
pravi – richtig
ulaz – Eingang
stari dio grada – alter Stadtteil, Altstadt
svaki – jeder
tek – erst
u okviru – im Rahmen
predstava – Aufführung
ući – (*voll.* – ja uđem) – hineingehen
u daljini – in der Ferne
par minuta – ein paar Minuten
odvesti – (*voll.* – ja odvedem) – bringen
prije – vor

Najstarija ljekarna u Zagrebu

ljekarna – Apotheke
najstarija – die älteste
k crnom orlu – zum schwarzen Adler
osnovan – gegründet
stoljeće – Jahrhundert
nalaziti se (ja se nalazim) – sich befinden
dio – Teil; u dijelu – im Teil
Gornji grad – Altstadt in Zagreb
nekada – damals
graditi (ja gradim) – bauen
ugao (pl. uglovi) – Ecke
prometan – verkehrsreich
izgrađen – gebaut
raskrižje – Kreuzung
odmah – gleich
iznad – über
sudski dokument – Gerichtsdokument
znači – bedeutet, heißt
vlasnik – Besitzer
Talijan – Italiener
neobično – ungewöhnlich
doseliti se – (voll. – ja se doselim) – einwandern,
zuziehen
bogat – reich
obitelj – Familie
Venecija – Venedig
Firenca – Florenz
Mletačka republika – (hist.) Republik Venedig
praunuk – Urenkel
pisac – Schriftsteller
Božanstvena komedija – Göttliche Komödie
zanimljivo – interessant
početkom – anfangs
sretati se – (voll. – ja se srećem) – sich (absichtlich,
regelmäßig) treffen
kavana – Kaffeehaus
pekarnica – Bäckerei
lijek (pl. lijekovi) – Arzneimittel
tinta – Tinte
sastajalište – Treffpunkt
umjetnik – Künstler
političar – Politiker
literat – Literat
obrtnik – Gewerbetreibender
otvoren – offen

U Dubrovniku

Lazareti – ein Gebäudekomplex in Zentrumsnähe von
Dubrovnik
violinski koncert – Geigenkonzert
premješten – verlegt
atrij – Atrium
palača – Palais
snaći se – (voll. – ja se snađem) – sich zurechtfinden
jednostavan – einfach
glavna ulica – Hauptstraße
promašiti – (voll. – ja promašim) – verpassen
svi putovi vode ... – alle Wege führen ...

Kuća moje bake

moje bake – meiner Oma
rado – gern
igrati se (ja se igram) – spielen
peć (f.) – Herd
oko – um
igrati skrivača – Verstecken spielen
ispred – vor
dvorište – Innenhof eines Hauses
preglasan – zu laut
kokoš – Henne
loviti (ja lovim) – fangen
ostavite (kokoši) na miru! – Lasst (die Hennen) in Ruhe!
voćnjak – Obstgarten
drvo (pl. drveće) – Baum
tanak – dünn
nezrelo voće – unreifes Obst
čuvati (ja čuvam) – hüten
koza – Ziege
igra – Spiel

Kako je bilo?

praznik – Feiertag
Svi sveti – Allerheiligen
zadnji put – letztes Mal
promijeniti – (voll. – ja promijenim) – ändern
prepoznati – (voll. – ja prepoznam) – erkennen
otvoreno – aufgemacht, geöffnet
izgraditi – (voll. – ja izgradim) – ausbauen
nećak (pl. nećaci) – Neffe
vrijeme prolazi – Zeit vergeht
kao u letu – wie im Flug
slapovi Krke – Krker Wasserfälle
slap (pl. slapovi) – Wasserfall
postati – (voll. – ja postanem) – werden
odgajateljica u vrtiću – Kindergartenbetreuerin

Prvi randevu moje sestre

randevu – Rendezvous, Verabredung von Verliebten
stariji – älter
ljubavni sastanak – Treffen von Liebenden
dvorište – Innenhof eines Hauses
odrasti – (voll. – ja odrastem) – erwachsen werden, groß
werden
smjeti (ja smijem) – dürfen
drugačije – anders
nasmijati se – (voll. – ja se nasmijem) – lachen
omladina – Jugendliche
objasniti – (voll. – ja objasnim) – erklären

Prvi put na moru

doći – (voll. – ja dođem) – ankommen
umoran – müde
voziti se (ja se vozim) – fahren
cijelu noć – die ganze Nacht
otac – Vater
vruće – heiß

stići – (*voll.* – ja stignem) – ankommen
konačno – endlich
kraj – Ende
odsjesti – (*voll.* – ja odsjednem) – logieren, nächtigen
otići – (*voll.* – ja otiđem) – losgehen
obala – Strand
kupač – Badegast
uživati (ja uživam) – genießen
udisati – (ja udišem) – einatmer
svjež – frisch
morski zrak – Meeresluft
ući – (*voll.* – ja uđem) – (hin)eingehen; Perf. ja sam
ušao/ušla
koljeno – Knie
iz blizine – aus der Nähe
noga – Fuß
ugristi – (*voll.* – ja ugrizem) – beißen
nasmijati se – (*voll.* – ja se nasmijem) – lachen
pojaviti se – (*voll.* – ja se pojavim) – erscheinen
val (pl. valovi) – Welle
oživjeti – (*voll.* – ja oživim) – zum Leben erwachen
kroz – durch
pozorno – aufmerksam
shvatiti – (*voll.* – ja shvatim) – verstehen

Proslava mature

proslava – Feier
matura – Matura
vrata – Tür
prestati – (*voll.* – ja prestanem) – aufhören
slavlje – Fest, Feier
tužiti se (ja se tužim) – sich beklagen, sich beschweren
buka – Lärm
navodno – angeblich
osjetljiv – sensibel
uho (pl. uši) – Ohr
bučan – laut
utišati se – (*voll.* – ja se utišam) – leise werden
pozvati – (*voll.* – ja pozovem) – einladen
unutra – hinein
pokazati – (*voll.* – ja pokažem) – zeigen
upravo – momentan, ausgerechnet
derati se (ja se derem) – schreien
pridružiti se – (*voll.* – ja se pridružim) – sich
hinzugesellen
napraviti – (*voll.* – ja napravim) – machen
prihvatiti – (*voll.* – ja prihvatim) – annehmen

Mačka na zebri

mačka – Katze
zebra – Zebra
dogoditi se – (*voll.* – ja se dogodim) – passieren,
vorkommen
prometna nezgoda – Verkehrsunfall
očevidac – Augenzeuge
zakočiti – (*voll.* – ja zakočim) – bremsen
udariti – (*voll.* – ja udarim) – stoßen, zusammenstoßen
zaustaviti – (*voll.* – ja zaustavim) – anhalten
zbog – wegen

kraj – neben
raskrižje – Kreuzung
kočnica – Bremse
hodati (ja hodam) – schreiten
pješak – Fußgänger
vozač – Fahrer
psovati (ja psujem) – schimpfen
u svakom slučaju – auf jeden Fall
ljut – verärgert, böse
naići – (*voll.* – ja naiđem) – ankommen; Perf. ja sam
naišao/naišla
čuti se (ja se čujem) – sich anhören
povrijeđen – verletzt
zbuniti (*voll.* – ja zbunim) – verwirren

Moj neobični prijatelj

Zbogom! – Leb(e) wohl!
pamet – Verstand
nadaleko – weit und breit
zaboraviti – (*voll.* – ja zaboravim) – vergessen
zaboravljati (ja zaboravljam) – vergessen
vlastit(i) – eigener
popeti se – (*voll.* – ja se popnem) – klettern
omiljen – beliebt
pjesma – Lied
oko – cirka
pomisliti – (*voll.* – ja pomislim) – denken, meinen
izgubiti pamet – Verstand verlieren
šahovski turnir – Schachturnier
liječeni alkoholičar – trockener Alkoholiker
pobjednik – Sieger
sanduk – Kiste
pamtiti (ja pamtim) – sich erinnern, sich merken
kvart – Stadtviertel
ljutiti se (ja se ljutim) – sich ärgern
vika – Geschrei
visoka kazna – hohe Strafe
remećenje javnog reda i mira – Ruhestörung
nasmijati se – (*voll.* – ja se nasmijem) – lachen
bogataš – Reicher
pokloniti – (*voll.* – ja poklonim) – schenken
«švedski» stol – Büffet
ipak – jedoch
odbiti – (*voll.* – ja odbijem) – ablehnen, abschlagen
ponuda za brak – Heiratsantrag
nedavno – neulich
odlučiti – (*voll.* – ja odlučim) – beschließen
prodati – (*voll.* – ja prodam) – verkaufen
Indija – Indien
otvoriti – (*voll.* – ja otvorim) – eröffnen, öffnen
drago kamenje – Edelstein
obavezno – unbedingt
izvan – außerhalb
kamoli – geschweige
očito – anscheinend
od značaja – von Bedeutung

Moj djed vlakovođa

vlakovođa – Zugführer
upravljati (ja upravljam) – steuern, fahren
parni vlak – Dampflokomotive
prevoziti (*voll.* – ja prevozim) – befördern, transportieren
roba – Güter, Last
unutrašnjost zemlje – das Landesinnere
najveća brzina – die Höchstgeschwindigkeit
lokomotiva – Lokomotive
nestati – (*voll.* – ja nestanem) – verschwinden
zbirka – Sammlung
maketna lokomotiva – Lokomotivmodell
ponosan – stolz
naziv – Bezeichnung
Drugi svjetski rat – 2. Weltkrieg
uzbudljiv – aufregend
pokretati (ja pokrećem) – bewegen, in Bewegung setzen
onako – soso
odlučiti – (*voll.* – ja odlučim) – entscheiden
paziti (ja pazim) – achten
strmina – steiler Abhang
zavoj – Kurve
uspon – Steigung
daljinski upravljano – ferngesteuert
višestruko – mehrfach
svakodnevni – alltäglich
uzbuđenje – Aufregung

Posao izumitelja

izumitelj – Erfinder
kemijska olovka – Kugelschreiber
šaliti se (ja se šalim) – scherzen
ozbiljno – ernst
sa mnom – mit mir
izmisliti – (*voll.* – ja izmislim) – erfinden
nalivpero – Füllfeder(halter), Füller
krut – fest
tinta – Tinte
izumjeti – (*voll.* – ja izumijem) – erfinden
termofor – Heizkissen, Thermophor
gumeni jastučić – kleines Gummikissen
vruć – heiß
služiti (ja služim) – dienen
grijanje – Aufwärmen; Heizen
tijelo – Körper
dinamometar – Fahrraddynamo
dio – Teil
dati – (*voll.* – ja dam) – geben
svjetlo – Licht
energija – Energie
deterdžent za pranje rublja – Waschmittel
izum – Erfindung
baciti se na posao – sich an die Arbeit machen

Domaća zadaća: «Moji heroji»

domaća zadaća – Hausaufgabe
heroj – Held
pročitati – (*voll.* – ja pročitam) – lesen

novine – Zeitung
razbijači – Schläger
jaje – Ei
kojima (pl.) – welchen
razbijanje – das Schlagen
odvajati (ja odvajam) – trennen
bjelanjak – Eiklar
žumanjak – Eidotter
stroj (pl. strojevi) – Maschine
tražen – gesucht
tvornica – Fabrik
manufaktura – Manufaktur
proizvoditi (ja proizvodim) – produzieren, herstellen
tim – Team
mirisati (ja mirišem) – riechen
provjeriti – (*voll.* – ja provjerim) – prüfen
diviti se (ja se divim) – bewundern

Na Dolcu

koštati (ja koštam) – kosten
domaće jabuke (pl.) – heimische Äpfel
skuplji – teurer
prskan – gespritzt
ukusniji – geschmackvoller
napraviti – (*voll.* – ja napravim) – machen
netko – jemand
praviti (ja pravim) – machen
proizvod – Produkt, Artikel
isplatiti se – (*voll.* – ja se isplatim) – sich lohnen
čovjek – Mensch; man
zdrav – gesund
zimnica – Wintervorrat
svaki drugi dan – alle zwei Tage
popust – Ermäßigung

Usporedba

usporedba – Vergleich
Balatonsko jezero – Balaton (See)
utvrditi – (*voll.* – ja utvrdim) feststellen
sljedeći – folgender
razlika – Unterschied
dublji – tiefer
početnici – Anfänger
plivanje – das Schwimmen
dalji – ferner
plavlji – blauer
topliji – wärmer
prilaz – Zugang
strmiji – steiler
kupanje – das Baden
tuširati se (ja se tuširam) – duschen
veći – größer
gužva – Gedränge
ponuda – Angebot
s druge strane – andererseits
riblja ponuda – Fischangebot

Profesor Baltazar

poznat – berühmt
crtani film – Zeichentrickfilm
«Dnevnik» – tägliche Nachrichten im kroatischen TV
sugrađani – (Pl.) Mitbürger
na poseban način – auf besondere Art
riješiti – (voll. – ja riješim) – lösen
smisliti – (voll. – ja smislim) – besinnen, ausdenken
rješenje – Lösung
uključiti – (voll. – ja uključim) – einschalten
stroj (pl. strojevi) – Maschine
pretvarati (ja pretvaram) – umwandeln
tekućina – Flüssigkeit
uliti – (voll. – ja ulijem) – hineingießen; einflößen
epruveta – Proberöhrchen, Eprouvette
proliti – (voll. – ja prolijem) – ausgießen; verschütten
riješeno – gelöst
oblak (pl. oblaci) – Wolke
izrasti – (voll. – ja izrastem) – wachsen
cvijeće – Blumen
nesretan – unglücklich
ljudi – Menschen
naći – (voll. – ja nađem) – finden;
Perf. ja sam našao/našla
izgubljen – verloren
životinja – Tier
propjevati – (voll. – ja propjevam) – anfangen zu singen
nanovo – abermals
uređeno – geordnet
neobično – eigenartig
djelotvorno – wirksam

Odmor nekada i danas

stotinjak godina – zirka hundert Jahre
bogat – reich
si = sebi – sich selbst
priuštiti – (voll. – ja priuštim) – sich gönnen
lječilište – Kurort
topao – warm
mnogobrojan – zahlreich
služiti (ja služim) – dienen
ponuda – Angebot
u medicinske svrhe – zu medizinischen Zwecken
siromašniji – ärmer
posjećivati (ja posjećujem) – besuchen
rodbina – Verwandtschaft
ljetni odmor – Sommerurlaub
s vremenom – mit der Zeit
dostupan – zugänglich; leistbar
gradska djeca – Stadtkinder
uživo – lebendig, echt
konj – Pferd
krava – Kuh
ovca – Schaf
svinja – Schwein
postati – (voll. – ja postanem) – werden
seosko imanje – Bauernhof

Pasji život

pasji život – Hundeleben
kućica – Häuschen; pasja kućica – Hundehütte
dozvoljavati (ja dozvoljavam) – erlauben
nikome – niemandem
glupo – blöd
oštar pas – bissiger Hund
lajati (ja lajem) – bellen
približiti se – (voll. – ja se približim) – sich annähern
ulaz – Eingang
pametan – gescheit
stanovati (ja stanujem) – wohnen
gospodarica – Hundebesitzerin, Frauchen
ljutiti se (ja se ljutim) – sich ärgern
mogući – möglich
dozvoliti – (voll. – ja dozvolim) – erlauben
pasja hladnoća – Hundskälte
podrum – Keller
štenara – Hundehütte
mijenjati se (ja se mijenjam) – sich ändern; hier:tauschen
mjesto – Platz
s druge strane – andererseits
drhtati (ja drhtim) – zittern
hladnoća – Kälte
provjerim – (voll. – ja provjerim) – prüfen

Iskustvo

iskustvo – Erfahrung
razbiti – (voll. – ja razbijem) – schlagen
razbiti koljeno – das Knie verletzen
oba – beide
koljeno – Knie
voziti (ja vozim) – fahren
kamen – Stein
pasti – (voll. – ja padnem) – fallen;
Perf. ja sam pao/pala
hrabar – tapfer
znatiželjan – neugierig
otac – Vater
namjerno – absichtlich
zanmati se (ja se zanimam) – sich interessieren
podjednako – gleichmäßig

Jasmina i golf

napraviti – (voll. – ja napravim) – machen
zbilja – echt, wirklich
prihvatiti – (voll. – ja prihvatim) – annehmen
iz zabave – aus Spaß
iz uvjerenja – aus Überzeugung
kondicija – Kondition
značiti (ja značim) – bedeuten
spas – Rettung
znojiti se (ja se znojim) – schwitzen
čak – sogar
smatrati (ja smatram) – betrachten
odoljeti (voll. – ja odolim) – widerstehen
gledati se (ja se gledam) – sich anschauen
razlog – Grund, Ursache

svratiti (*voll.* – ja svratim) – vorbeikommen
gornji – oberer
kat – Stock
slomiti – (*voll.* – ja slomim) – brechen
noga – Bein

Odgovori

mjeriti (ja mjerim) – messen

Prije ručka

previše – zuviel
kreker – Cracker
pojesti – (*voll.* – ja pojedem) – essen
nekoliko – einige
kutija – Schachtel

Kupovina

držati (ja držim) – halten
držati trgovinu – einen Laden betreiben
poznavati (ja poznajem) – kennen
spretan – geschickt
trgovac – Verkäufer
dragi – lieber
pomisliti (*voll.* – ja pomislim) – denken
osnovna škola – Grundschule, Volksschule
gospoda – Herrschaften
šećer – Zucker
patiti (ja patim) – leiden
biti u žalosti – in Trauer sein
vic (pl. vicevi) – Witz
ozbiljan – ernst
šalica – Tasse, Becher
radi toga – deswegen, darum
manje – weniger
kupiti – (*voll.* – ja kupim) – kaufen
utjeha – Trost
meni je svejedno – mir ist es egal
uzeti – (*voll.* – ja uzmem) – nehmen
sveukupno – insgesamt
sam/sama – allein
pretjerivati (ja pretjerujem) – übertreiben
staviti – (*voll.* – ja stavim) – geben, setzen
boca – Flasche
pošiljka – Lieferung
poklon – Geschenk
otići – (*voll.* – ja otiđem) – weggehen; Perf. ja sam otišao/otišla
zaista – wirklich
bolji – besserer

Rezervacija stolova

promocija – Promotion (Feier zur Verleihung eines akademischen Grades)
popis – Liste
unaprijed – im Voraus
naručiti – (*voll.* – ja naručim) – bestellen
jelo – Speise

predjelo – Vorspeise
poslastica – süße Nachspeise
fritule – (*lok.*) süßer Teig gebraten in Öl (aus der dalmatinischen Küche)
pinjoli – (*lok.*) Pinien
hvarske fritule – (*lok.*) süßer Teig gebraten in Öl (Rezept von der Insel Hvar)
pečeno tijesto – gebratener Teig
prijedlog – Vorschlag
pripraviti – (*voll.* – ja pripravim) – zubereiten

Dojam – Eindruck

različit – verschieden
čovjek – Mensch
voditeljica puta – Reiseleiterin
dvorac – Schloss
blizu – in der Nähe
sjeverna granica – Nordgrenze
izgubiti – (*voll.* – ja izgubim) – verlieren
vrećica – Sackerl, Tüte
hrana – Essen
izletište – Ausflugsort
gradska jezgra – Stadtkern
kremšnita – Cremeschnitte
zaboraviti – (*voll.* – ja zaboravim) – vergessen
ležati (ja ležim) – liegen
rijeka – Fluss
najmanji – der kleinste
grad – Stadt
predivan – wunderschön
obala – Küste
gradić – Städtchen
prirodan park – Naturpark
napraviti – (*voll.* – ja napravim) – machen
napraviti izlet – einen Ausflug machen
kratak – kurz
dalekozor – Fernglas
otok – Insel
ručna torba – Handtasche

Ćaskanje u pauzi posla

ćaskanje – das Plaudern
popiti – (*voll.* – ja popijem) – trinken
pojesti – (*voll.* – ja pojedem) – (auf)essen
naručiti – (*voll.* – ja naručim) – bestellen
imate pravo – Sie haben Recht
topiti se (ja se topim) – schmelzen
na suncu – in der Sonne
ručati (ja ručam) – Mittag essen
usred – mitten
prošla (f.) – vergangen

Kašnjenje autobusa

kašnjenje – Verspätung
kasniti (ja kasnim) – sich verspäten
prometna nesreća – Verkehrsunfall
zastoj – Stau
zbilja – wirklich

sve je u redu – alles ist in Ordnung
sudjelovati (ja sudjelujem) – teilnehmen
traktorist – Traktorfahrer
traktor – Traktor
prevrnuti se – (voll. – ja se prevrnem) – sich
überschlagen (z.B. ein Auto)
rečeno – gesagt
preko – über
razglas – Lautsprecher
očito – offensichtlich

Putovima poznatih žena

put (pl. putovi) – Weg
poznat – berühmt
bukirati – buchen
bitno – wichtig
preko – über
sjever – Nord; na sjeveru – im Norden
jug – Süd; na jugu – im Süden
umro/umrla – gestorben
skladateljica – Komponistin
krajem stoljeća – am Ende des Jahrhunderts
početkom stoljeća – am Anfang des Jahrhunderts
bajka – Märchen
pjesnikinja – Dichterin, Lyrikerin
inspiracija – Inspiration
mnogi – viele
tadašnji – damalig
pisac – Schriftsteller

Izuzetno putovanje

izuzetno – außergewöhnlich
ispričati – (voll. – ja ispričam) – erzählen
nezaboravno – unvergesslich
ljetovanje – Sommerurlaub
prekrasan – wunderbar
drugačije – andersartig
seoski turizam – Bauernhoftourismus, Dorftourismus
vjerski turizam – spiritueller Tourismus (Reisen mit
geistlichen, religiösen oder kirchlichen Inhalten)
zdravstveni turizam – Wellness-Tourismus
lovni turizam – Jagdtourismus
ribolovni turizam – Fischerei-Tourismus
kulturni turizam – Kulturtourismus
ekološki turizam – Ökotourismus
izletnički turizam – Ausflugstourismus
iskreno – ehrlich
rečeno – gesagt
niti jedan – keiner von denen, nicht einer
nautički turizam – Nautiktourismus
ronilački turizam – Tauchtourismus
naturizam – Naturismus (Freikörperkultur)
krstarenje – Kreuzfahrt
Robinzonski turizam – Robinson Tourismus
zadnjih godina – in den letzten Jahren
boravak – Aufenthalt
usamljen – entlegen, einsam
svjetionik (pl. svjetionici) – Leuchtturm

iskustvo – Erfahrung
recite mi – sagen Sie mir

Na aerodromu

aerodrom – Flughafen
zagubiti se – (voll. – ja se zagubim) – verloren gehen
zabunom – irrtümlich
poslan – geschickt
sklopiti – (voll. – ja sklopim) – abschließen
ekstra – extra
ugovor – Vertrag
ugovor o osiguranju prtljage –
Gepäckversicherungsvertrag
za svaki slučaj – sicherheitshalber
odgovarati (ja odgovaram) – verantworten (für Schaden)
šteta – Schaden
određen – bestimmt
iznos – Summe
vrijednost – Wert
uglavnom – meistens
odjeća – Kleidung
toaletni pribor – Toilettenutensilien
tenisice – Sportschuhe
stvar – Sache
upravo – gerade
primiti – (voll. – ja primim) – empfangen, bekommen
poruka – Nachricht
zabunom – unabsichtlich
zamijeniti – (voll. – ja zamijenim) – vertauschen
odijelo – Anzug

Destinacija – Brazil

Južna Amerika – Südamerika
čuti (ja čujem) – hören
ploviti (ja plovim) – mit dem Schiff/Boot fahren
lokalni vodič – örtlicher Führer
na licu mjesta – vor Ort, an Ort und Stelle
karneval – Karneval
visoka kategorija hotela – hohe Hotelklasse
niska kategorija hotela – niedrige Hotelklasse

Organizacija posla

pomoći – (voll. – ja pomognem) – helfen
izvješće – Bericht
broj noćenja – Anzahl der Nächtigungen
ljubazan – nett
donijeti – (voll. – ja donesem) – bringen
napisati – (voll. – ja napišem) – schreiben
zaključak – Schluss, Resümee
nazvati – (voll. – ja nazovem) – anrufen
potvrditi – (voll. – ja potvrdim) – bestätigen
pogledati – (voll. – ja pogledam) – anschauen
elektronska pošta – elektronische Post
poslije radnog vremena – nach der Arbeitszeit
napraviti – (voll. – ja napravim) – machen
na vrijeme – rechtzeitig

Kad bih bio mačka...

loviti (ja lovim) – jagen, fangen
miš (pl. miševi) – Maus
puštati (ja puštam) – (frei) lassen
dosadno – langweilig
sakriti se – (*voll.* – ja se sakrijem) – sich verstecken
slijepi putnik – blinder Passagier
svejedno – egal
otputovati – (*voll.* – ja otputujem) – abreisen
daleko – weit weg
oduvijek – schon immer
dati – (*voll.* – ja dam) – geben
mačka lutalica – streunende Katze

Kad bih imao novaca ...

sjediti (ja sjedim) – sitzen
vila – Villa
doživljaj – Erlebnis
o tome – darüber
volonter – Volontär
izgradnja – Bau
pomagati (ja pomažem) – helfen
izobrazba – Bildung, Ausbildung

voćnjak – Obstgarten
služiti (ja služim) – dienen
iz okolnih škola – aus nahe gelegenen Schulen
saditi (ja sadim) – einpflanzen
voćka – Obstbaum
brinuti se (ja se brinem) – sich kümmern
sadnja – Anbau, Anpflanzung
briga – Sorge
pokusni kunić – Versuchskaninchen
napraviti – (*voll.* – ja napravim) – machen
uzgajati (ja uzgajam) – kultivieren, züchten
izmisliti – (*voll.* – ja izmislim) – ausdenken
dodjeljivati (ja dodjeljujem) – verleihen
nagrada – Belohnung, Preis
najbolji – der beste
prodavati (ja prodajem) – verkaufen
višak – Überschuss
unapređenje – Förderung
rodan – fruchtbar
nadoknaditi – (*voll.* – ja nadoknadim) – ersetzen
(Schaden)

Porträt der Autorin

Foto: Margit M. Marnul

Liebe Leserin! Lieber Leser!

Bevor das Buch, welches Sie in den Händen halten, gedruckt wurde, hat mich mein Verleger, Herr Mag. Walter Weber, eingeladen, etwas über mich als Autorin zu schreiben. Nun, ein Autorenporträt zu schreiben ist für jeden Autor und jede Autorin eine Sache mit höchstens zwei Optionen: entweder reiht man die technischen Daten wie Geburtsort, -datum, abgeschlossene Studien, Berufserfahrung und Interessensfokus hintereinander; oder man schreibt: nichts. Tja. Ich versuche, einen anderen Weg zu nehmen und möchte Ihnen beschreiben, wie ich dieses Lesebuch erlebt habe, denn dieses Buch verbindet uns.

Also, dieses Buch war für mich ein besonders schönes Ereignis. Einerseits mein Wissen als Linguistin anzuwenden, andererseits meiner Fantasie als Literaturautorin freien Lauf zu lassen und drittens meine jahrelange berufliche Erfahrung im Bereich des Kroatisch-Unterrichts zu nutzen. Es war ein Spiel mit besonderen Regeln, zugleich sehr komplex und herausfordernd, aber auch schön und verführerisch, wie eine seltene Blume. Warum habe ich dieses Buch geschrieben? Weil ich in meiner Lehrpraxis immer wieder davon begeistert war, mit welcher außergewöhnlichen Liebe meine Studenten Kroatisch gelernt haben. Ihr Elan und Eifer waren meine Inspiration. Ich hoffe, dass Sie auch dieses Buch als eine Bereicherung empfunden haben und dass Sie damit Spaß gehabt haben. Das ist nämlich das Ziel meines Vorhabens.

Und zum Schluss – damit diese Ausnahme die Regel bestätigen kann – ein paar Daten über mich: Ich bin 1962 in Zagreb geboren worden und lebe in Wien als freiberufliche Autorin. Mit der kroatischen Sprache befasse ich mich als Unterrichtende seit dem Jahr 2004. Mehr über Bücher zum Erlernen der kroatischen Sprache, die ich verfasst habe, gibt es im Internet unter www.kroatisch-leicht.com. Über mich als Literaturautorin finden Sie auch Informationen unter www.ana-bilic.at

Und das Letzte aber nicht zuletzt: Danke, dass Sie das Buch gelesen haben!

Das Lehrpaket „Ja govorim hrvatski 2"

Ja govorim hrvatski 2 – Lehrbuch (mit online-Hörtexten)

ISBN 978-385253-527-2

Preis 20,40 Euro

Ja govorim hrvatski 2 – Lesebuch

ISBN 978-385253-525-8

Preis 15,90 Euro

Ja govorim hrvatski 2 – Grammatik und Lösungen zu den
Übungen aus dem Lehrbuch Ja govorim hrvatski 2

ISBN 978-385253-526-5

Preis 15,90 Euro

Verbalaspekte im Kroatischen

ISBN 978-385253-528-9

Preis 15,90 Euro

Im Buchhandel, online, oder direkt beim Verlag unter verlag.weber@aon.at erhältlich!